Zum 23. Februar 2011

Pierre Stutz

Friedens-Lichter

Inspirationen zu Advent und Weihnachten

Eschbach

Dem Frieden eine Chance geben

»Give Peace a chance« – »Gib dem Frieden eine Chance«, singt John Lennon in seinem Friedenslied. Ein Lied, das ich manchmal beim Zeitungslesen in mir neu erklingen lasse. Oft holt mich die Ohnmacht ein angesichts schrecklicher Terroranschläge und verhärteter Fronten in all den Kriegen, die zur Zeit weltweit geführt werden. Sie bezeugen die schreckliche Gefangenschaft in den Strukturen der Gewalt. Da zweifle ich manchmal an dem inneren Friedensort, den Gott in der Tiefe eines jeden Menschen bewohnt. Stimmt dies wirklich?
Die Advents- und Weihnachtszeit holt mich Jahr um Jahr ab in meiner Empörung und mit meinen Zweifeln. Die Prophetenworte aus der Bibel, die in diesen Wochen gelesen werden, nennen die Ungerechtigkeit beim Namen und erzählen von ungeahnten Friedensmöglichkeiten. Eine echte adventliche Haltung lässt mich vermehrt auf jene Friedensstimmen hören, die in der ganzen Unheilsgeschichte der Menschen nie zum Schweigen gebracht werden konnten.
Ich höre sie durch eine palästinensische Frau, die an Weihnachten 2003 in Bethlehem gesagt hat: »Auch wenn die Soldaten mein Haus zerstört haben, sie können meine Seele nicht zerstören. Sie bringen mich nicht dazu, dass ich sie hasse.«
Ich erkenne sie in einem neunzehnjährigen Israeli, der eines der 188 Opfer eines Hamas-Anschlages geworden ist. Acht Nägel und Splitter einer Bombe schmerzen ihn sehr. Trotzdem sagt er im Spital: »Ich kann diese Attentäter verstehen, die in einer hoffnungslosen Situation leben. Ich lehne die Gewalt weiterhin ab und setze voll auf den Frieden.«
Es stimmt: die Friedenskraft wächst unaufhaltsam, auch heute.

Den Friedensort in dir betreten
jene adventliche Zuversicht
dass es keinen gottlosen Menschen gibt
weil niemand Gott los werden kann

Den Friedensort in dir bewahren
jenes adventliche Vertrauen
dass in unserem Traum nach Frieden in Gerechtigkeit
Gottes Ankunft sich täglich erneuert

Den Friedensort in mir besuchen
jenes adventliche Innehalten
im schweigenden Verweilen
das die Friedenskraft weltweit verstärkt

Den Friedensort in mir schützen
jene adventliche Vision
dass Schwerter zu Pflugscharen umgeschmiedet werden
durch Frauen und Männer mit Zivilcourage

Adventliche Menschen
wagen zuerst Versöhnung mit sich selber
indem sie Verletzungen und Kränkungen wahrnehmen
damit sie verwandelt und geheilt werden können

Adventliche Menschen
wagen erste Versöhnungsschritte
in verhärteten Beziehungen
indem sie der Friedens- und Verwandlungskraft trauen

Adventliche Menschen
wagen eine versöhnende Aufmerksamkeit
für die Umsetzung der Menschenrechte
und die Bewahrung der Schöpfung

Adventliche Menschen
lassen Gottes Friedenslicht
in sich leuchten
damit unsere Dunkelheit erhellt wird

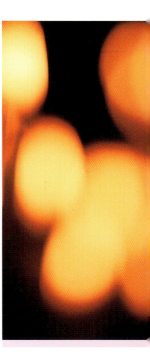

Echter Friede beginnt in dir

»Halt an, wo laufst du hin? Der Himmel ist in dir!
Suchst du Gott anderswo, du fehlst ihn für und für«

empfiehlt der Mystiker Angelus Silesius (1624-1677) in seinem »Cherubinischen Wandersmann« (I,82). In wenigen Worten beschreibt Silesius eine Lebenseinstellung, die nicht zuerst bei den anderen nach Lösungen sucht, sondern ermutigt, in sich zu gehen.
Mystische Menschen stehen mitten im Leben und nehmen dort ihre Verantwortung für eine gerechtere Friedensordnung wahr. Diese konkretisiert sich nicht nur durch Aktivität, sondern auch durch einen inneren Friedensweg. Echter Friede beginnt im eigenen Herzen, im Verstärken der eigenen Friedenskraft und im Integrieren der destruktiven Seiten, damit sie verwandelt werden können.
Adventliche Menschen wissen, dass sie die anderen und die Welt nicht einfach so ändern können. Darum suchen sie in ihrer inneren Friedensreise nach einem Zugang zum Anderen und auch zum Himmelschreienden auf dieser Welt. Solch eine Lebenseinstellung verändert das Ganze. Sie hofft in aller Hoffnungslosigkeit.
Die adventliche Stille lädt uns ein, miteinander aus der göttlichen Friedensquelle zu schöpfen. Schweigendes Beten rund um ein Friedensfeuer wird mitten in der Einkaufshektik zu einer Oase der Hoffnung. Wenige Menschen können Großes bewirken, wenn sie durch ihre innere Friedenstüre gehen und den Himmel in sich entdecken, der verbindet mit allem.

Suche den inneren Frieden
im Genießen des Advents Gottes in dir:
du bist anerkannt in deinem Licht
du bist angenommen mit deinem Schatten

Finde den inneren Frieden
im Verweilen vor einer Adventskerze
die deine dunklen Seiten nicht verdrängt
sondern sie im Licht der Versöhnung erhellt

Suche den inneren Frieden
im gemeinsamen Unterwegssein mit Friedensfackeln
das unsere Nacht des Misstrauens verwandelt
und unsere lähmende Ohnmacht überwindet

Finde den inneren Frieden
im adventlichen Segenswort:
Jenen, die im Land der Finsternis wohnen
strahlt ein Licht auf – auch durch dich und mich

Adventliche Friedenszeichen
wünsche ich dir
im wohlwollenden Umgang
mit deinen Verwundungen
damit du auch am Schweren
wachsen und reifen kannst

Adventliche Friedensschritte
wünsche ich dir
im unermüdlichen Unterstützen
von Versöhnungsprojekten
die Jung und Alt
zum hoffnungsvollen Aufbruch bewegen

Adventliche Friedenslichter
wünsche ich dir
im gemeinsamen Feiern
jener uralten Menschheitshoffnung:
Wer einen Menschen rettet
der rettet die ganze Welt

Friedenslicht aus Bethlehem

Wie groß die Wirkung einer kleinen Friedensinitiative sein kann, zeigt das beeindruckende Projekt »Friedenslicht aus Bethlehem«. Im Jahr 1986 starteten Menschen in Oberösterreich in aller Einfachheit diese Aktion: Ein Kind entzündet in der Geburtsgrotte von Bethlehem ein Licht, das in einer speziellen Laterne im Flugzeug zuerst nach Linz gebracht wird. Von dort wird es inzwischen in 25 europäische Länder und auch nach Übersee weitergegeben. Immer mehr Menschen erwarten an einem Adventssonntag dieses Licht und nehmen es mit in Pfarreien und Gemeinden und ihre eigene Wohnung. Sie können dadurch auch soziale Einrichtungen unterstützen, damit der Friede Hände und Füße und ein großzügiges Herz erhält. So erneuern sich Worte vom Mystiker Meister Eckhart, der jedem Menschen zutraut, ein klares »Gesicht des Friedens« zu sein. So tönen die Vertrauensworte der Engel auch in unsere Zeit:

»Verherrlicht ist Gott in der Höhe,
und auf Erden ist Friede
bei den Menschen seiner Gnade.«
(Lukas 2,14)

Sie erzählen von einem heruntergekommenen Gott, der uns Menschen braucht.
Gott träumt in uns unaufhaltsam von einer friedvolleren Welt, die alle Menschen aufatmen lässt.
Eine zärtlichere Welt, die auch im einfachen Friedenslicht aus Bethlehem Menschen solidarische Wärme erfahren lässt.

Dunkel ist es geworden
die Gewalt feiert neue Exzesse
die Unterdrückung nimmt kein Ende
die Fremdenfeindlichkeit zieht Kreise

Unsere erste Adventskerze
leuchtet hoffnungsvoll in diese Ohnmacht hinein
sie nährt unsere Friedenshoffnung

Kalt ist es geworden
erstarrte und bedrückende Arbeitsbeziehungen
entsetzte und verunsicherte Kinderaugen
entmündigte und ausgebeutete Menschen

Unsere erste Adventskerze
scheint vertrauensvoll in diese Härte hinein
sie verstärkt unsere Friedenskraft

Dein göttliches Licht
scheint durch alle, die Frieden suchen
in jedem Augenblick

Innehalten
achtsam
in die zweite Adventskerze hineinschauen
ihr wunderbares Leuchten erkennen
als inneres Friedenslicht
das jeden Menschen alltäglich belebt

Zusammenfinden
aufmerksam
in die zweite Adventskerze hineingucken
ihr warmes Licht entdecken
als innere Friedenskraft
die weltweit sich unaufhaltsam entfaltet

Verweilen
gesammelt
die Augen schließen
um das innere Licht zu sehen
das nicht mein Licht ist
sondern das göttliche Friedenslicht für alle

Friedenslieder singen
beim Entzünden der dritten Adventskerze
Lieder aus aller Welt anstimmen
die Freude und Hoffnung in uns wecken

Friedensgeschichten weitererzählen
beim Betrachten der dritten Adventskerze
zuversichtliche Erfahrungen von Menschen
die dem Frieden ein neues Gesicht schenken

Friedenstänze erleben
rund um die dritte Adventskerze
Schritt für Schritt erahnen
wie wir geführt sind auf unserem Friedensweg

In unseren Nächten der Trauer
scheint ein Licht des Friedens auf
auch in unserer vierten Adventskerze
die Menschen zur heilenden Trauer bewegt

In unseren Nächten der Zweifel
scheint ein Licht der Hoffnung auf
durch bestärkende Lebensworte
die wir einander schenken können

In unseren Nächten der Verunsicherung
scheint ein Licht des Vertrauens auf
im schweigenden Verweilen vor den vier Adventskerzen
die zärtliche Zuwendung erfahren lassen

In unseren Nächten der Einsamkeit
scheint ein Licht der Zuversicht auf
die unerwartete Hoffnung:
Es wird alles gut

Licht und Brot für die Welt

Die Evangelisch-lutherische St. Marienkirche in Osnabrück ist in der Adventszeit umgeben von einem Weihnachtsmarkt, der Menschen zu wohltuenden Begegnungen einlädt. Der Kirchenraum selber ruft auf zum Verweilen mit seiner schweigenden Kraft. Beim hinteren Eingang findet sich eine wunderbare Meditationsecke. Sie lebt von einer großen, eisernen Weltkugel, die von innen heraus erleuchtet werden kann, weil darin große brennende Kerzen hineingestellt werden können.
»Licht für die Welt – Brot für die Welt« steht bei der Kerzenkasse. Denn der Erlös des Kerzenverkaufs setzt ein Friedenszeichen, damit weniger Menschen an Hunger sterben. Weihnachten konkret im Hier und Jetzt. Diese »erleuchtete Welt« ist das ganze Jahr hindurch gegenwärtig, weil die Friedensbotschaft aus Bethlehem Tag für Tag neue Verbündete sucht.
Ich sitze lange vor den vielen brennenden Kerzen.
Sie verstärken mein Vertrauen in all die vielen Friedenslichter, die unsere Welt wärmer und heller werden lassen.
Weihnachtliche Friedenslichter, die erzählen vom Teilen von Brot und Wein, von zärtlicher Zuwendung, vom Aushalten der Durststrecken, vom Begleiten der Sterbenden, vom entschiedenen Aufstand für eine menschlichere Arbeitswelt und vom bestärkenden Austausch im Familien- und Freundeskreis.
Jene Friedenskerzen in Osnabrück finden sich überall, wo Menschen füreinander Licht sind.

Friedenslichter leuchten auf
durch jene Menschen
die sich selber verzeihen können
die wirklich Mensch werden
mit ihrer Lebenskraft und Zerbrechlichkeit:
Weihnachten hier und jetzt

Friedenslichter scheinen auf
durch jene Menschen
die anderen verzeihen können
die nicht dauernd Recht haben wollen
sondern bereit sind voneinander zu lernen:
Weihnachten mitten unter uns

Friedenslichter scheinen auf
durch jene Menschen
die ihr ganzes Leben
als Versöhnungsweg verstehen
im Einklang mit der ganzen Schöpfung:
Weihnachten ereignet sich auch heute

Dein Friede wird geboren
in all den heilenden Nächten
in denen Menschen einander
versöhnende Anerkennung zusprechen

Deine Hoffnung wird geboren
in all den leuchtenden Nächten
in denen Menschen zwischen
Erde und Himmel deine Nähe feiern

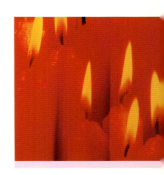

Dein Vertrauen wird geboren
seit jener Nacht in Bethlehem
in all den Friedensinitiativen
die Menschen befreien zum Glück

Deine Liebe wird geboren
in all den zärtlichen Nächten
in denen Menschen dich
als Grund aller Zärtlichkeit erfahren

Gesegnet sei
dein Friedenspfad
im Hineinwachsen
in die solidarische Kraft
eines gewaltfreien Widerstandes

Gesegnet sei
unser Friedensweg
im Schreiben von Protestbriefen
die Gefangenen ihre Würde
und Befreiung ermöglichen

Gesegnet sei
deine Friedensspur
im Verwirklichen deiner Selbstannahme
die auch andere ermutigt
zu einer echten Zufriedenheit

Gesegnet sei
unsere Friedensreise
das ganze Jahr hindurch
im gegenseitigen Bestärken
zum weltweiten Versöhnungsweg